AF358906

LE SALON D'AUTOMNE

Le Salon d'Automne

AVANT-PROPOS

L'analyse du *Salon d'Automne* tient toute dans sa psychologie, car un Salon est un être moral dont les idées s'exposent et ce, avec d'autant plus de relief et de retentissement qu'il se targue de rébellion et de révolution.

« Le *Salon d'Automne* est un Salon de combat » a écrit M. Vauxcelles bien autorisé pour l'affirmer, puisque mon éminent confrère en est membre d'honneur. Vous douterez peut-être à ce titre de son impartialité de critique ; je ne veux pas en induire. Qu'il me suffise de déduire de cette enseigne que ses partisans ou ses détracteurs sont dans leurs rôles, parce que les deux camps ont une raison majeure de combattre : la lutte pour la vie.

Nous qui passons en amateur, en artiste épris de Beauté, qui cherchons dans le passé l'enseignement vivifiant des maîtres, l'émotion vierge des purs artistes dans la représentation de leur humanité contemporaine, le symbole éternel des souffrances et des joies humaines dans les images que leur art nous transmit en apanage, nous, les profanes du lieu, qui entrons ici, avec l'amour des belles choses durables et définies, nous n'avons pas à prendre parti dans la discussion passionnée où le sectarisme cotoie l'équivoque et la haine.

Les luttes d'autrefois, les formidables erreurs d'opinion qui trahirent trop souvent de grandes gloires nous sont de précieux indices.

Dans ces manifestations combatives il faut faire la part du feu, déjouer ou dédaigner les combinaisons qui fomentent les éloges outrés et les dénigrements injustes, car elles ont d'autres attaches que celles de l'Art.

Les grandes idées qui cimentent les associations humaines ne doivent pas se rapetisser jusqu'à faire le jeu d'intérêts mesquins et secondaires. Ceux-ci, trop souvent, en sont le ressort caché, le pivot central autour duquel évoluent les oscillations indéfinies des goûts, des talents et de la mode.

Un fait nous convie à la méditation : Le *Salon d'automne* a quatre ans d'existence, il vit. De quoi, comment et pour quoi vit-il ? nous essaierons de le comprendre en analysant sa psychologie.

Cette psychologie se révèle tout d'abord sous la forme de l'*arrivisme*.

Esquissée par Balzac, incarnée dans le légendaire Rastignac en une époque où le pouvoir même était un arrivisme, où la vie facile et le luxe étaient le chemin de velours de la gloire, cette tare héréditairement chronique du Français semble atteindre son paroxysme.

Le nivellement monstrueux de la France contemporaine sous l'influence de la démagogie, du faux savoir et de l'argent nous a doté de cette morgue indéfinissable dont nous remarquons les prodromes inquiétants parmi la jeunesse actuelle. Ah ! depuis vingt ans on s'est « mis dans le train » et il n'est pas de pirouette qui n'ait obtenu l'approbation de « gens sérieux ».

Les beaux dons de notre race ont subi de rudes avatars et si le Français fut toujours un fanfaron, il s'est doublé d'un charlatan roublard.

Cet état d'esprit joint aux ambitions excitées par l'audace imperturbable des médiocres a envahi tous les domaines de la pensée : science, religion, politique, littérature, etc. Les arts plastiques, expression imagée de cette pensée, ont subi les mêmes déformations. Parmi les initiateurs se glissèrent les habiles, derrière eux suivit le troupeau des plagiaires et, comme dans toute société où le goût fait place à la loi de l'offre et de la demande qui est le suprême truchement des relations civiles, tout article prôné par une réclame abondante, variée et soutenue, détient fatalement le record des transactions.

L'Art subit cette loi du commerce. L'Impressionnisme fit fureur dès que sa valeur fut cotée à la Bourse de la rue Drouot, comme feront fureur tous les succédanés de ce grand mouvement qui n'aura sa portée générale et dont on ne comprendra la vraie signification que dans cinquante ans.

C'est donc ici que se préparent les enchères futures, et, sous couvert de bataille, au claquement des bannières toutes neuves et polychromes, au son des fanfares éclatantes des thuriféraires tonitruant à tous les échos les prestigieuses chevauchées des paladins du pinceau ; mais les forces obscures et positives qui de tout temps menèrent les hommes restent dans la coulisse. C'est d'elles que vient le mot d'ordre, et, à ce mot, toutes les influences obéissent, comme au signal d'une baguette de fée.

L'or a parlé, le pactole a répandu ses flots enchanteurs et... la tourbe tributaire de ses servilités et de ses déchéances s'incline devant sa puissance et monte à l'assaut de ses prébendes.

Cet enrôlement à grand orchestre exploite aussi les *erreurs sincères*, celles dont on peut dire qu'elles sont fatales, car elles dérivent presque toujours d'une personnalité, fruste, incomplète, qui n'a pas su captiver le public et qui, lassée de l'incompréhension unanime ou du mauvais vouloir, est tombée dans l'étrangeté et la barbarie.

C'est à ce signe qu'on reconnaît le *Méconnu*. Son culte est une des maladies modernes et si le *Salon d'automne* groupe de grands artistes, il agglomère dans son individualité confuse et contradictoire, nombre de ces *suiveurs* qui se réclament de tel ou tel grand méconnu.

En l'occurence ce sont Gauguin et Cézanne.

De même que le symbolisme créa toute une littérature informe, étrange et absurde, de même ces hommes influencèrent bon nombre de jeunes gens, qui, par esprit d'opposition, poussèrent à l'extrême les erreurs de leurs maîtres.

La négation de nos jours, est une force, ou d'inertie, ou de révolte, mais c'est une force, et dans toute agglomération d'hommes les forces se contrebalancent pour dessiner le mouvement de la vie, qui est essentiellement, en apparence, un mouvement d'harmonie.

Gauguin et Cézanne eurent évidemment une influence énorme sur notre jeune peinture. Les incrédules n'ont qu'à venir à ce salon, ils y trouveront une adroite leçon de choses. De ce que ces deux artistes eurent beaucoup d'influence, s'ensuit-il que cette influence soit salutaire.

Là est toute la question et toute la signification du *Salon d'automne*. La rétrospective de Gauguin, la présence de Cézanne manifestent clairement que les organisateurs ont eu le souci de créer, par un imposant cortège d'adeptes un mouvement en faveur de ces deux méconnus, et, par contre coup, d'acclimater la peinture, les essais, les audaces, voire même les hallucinantes et tintamaresques fantaisies de cerveaux malades.

Les admirateurs de Gauguin et de Cézanne, par sentiment de sectarisme, ont élevé au-dessus de leur réputation ces deux artistes mal compris et mal connus.

L'habitude des cénacles et des groupes, où l'esprit d'opposition et de coterie irraisonné propage les pires erreurs dans le public, influença la critique amie au point de l'hypnotiser sur ces deux hommes, qui ne sont pas sans mérites, certes, mais dont la renommée est surfaite. Car le tout est de savoir si Cézanne et Gauguin sont des *maîtres*.

Quel enseignement a-t-on tiré de leurs œuvres et par quelles assimilations les néophytes ont-ils enrichi l'esthétique ?

Cézanne et Gauguin représentent, à nos yeux, un art rude, primitif, gauche, incomplet. Ce sont deux attitudes de gens qui, dégoûtés de notre modernité raffinée et précieuse, à laquelle du reste ils ne comprennent rien, se sont confinés dans le domaine restreint d'une vision adéquate à la sensation rudimentaire de leur âme.

Devant leurs œuvres, on a l'impression d'un néo-primitivisme peu viable en une époque qui a produit Whistler et Besnard, les deux harmonistes virtuoses, Monet l'incomparable musicien des symphonies lumineuses.

Tout d'abord, je m'en réfère à un artiste de goût, à un de ces subtils esprits qui, s'il devait y avoir dans les œuvres de Cézanne une harmonie sourde et profonde, quasi cachée, nous aurait convié, avec toute la magie de son verbe nerveux dont les résonnances intimes sont comme des coups d'archet révélateurs de mondes ignorés, nous aurait conviés, dis-je, à la plus magistrale des études, et nous aurions compris Cézanne.

J'ai nommé M. Camille Mauclair. Cet écrivain d'art, que tout le monde s'accorde à reconnaître inimitable et prestigieux, a prononcé sur Cézanne de dures paroles :

« Quant à M. Cézanne, son nom restera attaché à la plus mémorable plaisanterie d'art de ces quinze dernières années. Il a fallu « l'impudence de Cockneys » dont parlait Ruskin pour inventer le « génie » de cet honnête vieillard qui peint en province pour son plaisir et produit des œuvres lourdes, mal bâties, et consciencieusement quelconques, des natures mortes d'une assez belle matière et d'un coloris assez cru, des paysages de plomb, des figures qu'un journaliste qualifiait récemment de « michelangesques » et qui sont tout bonnement les essais informes d'un homme qui n'a pu remplacer le savoir par le bon vouloir. Regarder les tableaux de M. Cézanne auprès d'un Monet ou d'un Renoir, cela équivaut à regarder une danse de paysans en sabots et une danse d'Isadora Duncan. Il n'y a pas l'ombre d'une véritable supériorité artistique dans ces tableaux dont on fait des éloges outrés qui gêneront sérieusement un jour leurs bénévoles signataires. Et ces éloges ne sont pas tous dus à des « Cockneys » ou à des naïfs. On les trouve sous la plume d'hommes qui ont su imposer Carrière et Besnard, et écrire de sérieuses pages sur les filiations de l'Ecole française, d'hommes avertis qui savent ce qu'est la beauté d'une couleur et d'une forme et l'ont prouvé au point qu'on est en droit de se demander s'ils se déjugent. Une telle attitude en présence d'un peintre comme M. Cézanne contraint à protester violemment contre celui-ci, dont on ne demanderait qu'à ne rien dire, parce qu'il n'a jamais pu produire ce qu'on appelle une œuvre. » (1).

D'autres, moins autorisés peut-être, ou au nom de principes contraires au réalisme qu'ils combattent ont jugé sévèrement à leur tour l'œuvre de Cézanne.

Le cas Cézanne est évidemment complexe. L'an dernier, j'avais cru remarquer en ses œuvres une sorte d'harmonie sourde due à la profonde méditation que je fis devant elles. Il m'avait semblé que devant certains paysages notâmment j'éprouvais un sentiment de grandeur occulte qui apparaissait au choc de certaines déductions de l'esprit, et j'avais noté consciencieusement cette impression. Etait-ce de l'auto-suggestion ? Peut-être. Aujourd'hui je ne retrouve rien et ce malaise d'incertitude me fait songer à ces doutes religieux intenses dans lesquels sombrèrent nos croyances d'enfant.

Car enfin, ou les écrivains d'art, nos aînés, ont raison, ou ils se trompent. On ne se leurre pas pendant quinze ans sur la valeur d'un artiste. Alors que croire ?

Il faut croire à une « plaisanterie », à ce que pendant quinze ans on voulut nous imposer un Maître qui n'était pas un Maître, mais un artisan, un émule de ces potiers d'Etrurie qui façonnèrent

_____

(1) *La Revue*, 15 décembre 1905.

de leurs doigts gourds les amphores massives, les vases primitifs dont se servaient les paysans.

Le cas Cézanne est un indice précieux pour dégager à fond la psychologie du *Salon d'automne*, basée surtout sur celle de l'arrivisme. De nos jours le bluff est un instrument courant de propagande. En bluffant on voulut imposer Cézanne, en bluffant encore, on voulut imposer tous ses adeptes, en bluffant toujours on arrivera sans doute à imposer les Matisse et autres caudataires.

Les institutions en art ne valent que par leur apport esthétique. On aura beau semer l'or, les discrètes mais efficaces influences des richissimes tenanciers de l'Hôtel Drouot auront beau manœuvrer les ficelles des marionnettes qui jouent la comédie à leur profit, il faudra bien reconnaître un jour que toutes ces palabres furent de piteux déhanchements de pîtres.

Sortons de ce cauchemar.

Le cas Gauguin révèle le même état d'âme. Certes l'exilé de Tahiti s'est fait une gloire à bon compte. L'exotisme violent de ses œuvres était une proie toute désignée au snobisme des « redresseurs de torts » et des « découvreurs de génies. »

Que Gauguin soit un artiste, nul ne le contestera ; qu'il soit original, nous l'affirmerons même ; mais qu'il soit un Maître, nous le nierons catégoriquement.

Gauguin me représente exactement le potache qui boude son professeur parce que celui-ci n'a pas voulu lui octroyer de sucreries. Carrière a dit de lui une phrase très juste, moins le dernier mot : « On n'a pas su profiter de son génie ». Je pense que génie dans l'esprit de Carrière voulait dire invention, ingéniosité ; le génie pris dans son sens général signifie une fécondité créatrice surhumaine, le vol d'aigle d'un homme dans les régions inconnues de l'esprit, l'orchestration surprenante des grandes harmonies de l'âme et de la nature.

Dans cette remarquable exposition où trouverez-vous l'œuvre indicatrice du génie, où sentirez-vous l'élévation enchantée de l'âme, la sérénité magnifique qui captive et désempare, le sentiment d'absolue certitude et d'abandon entier que l'on éprouve devant le génie ? Où trouverez-vous la condensation absolue de la Beauté, le frémissement de tout votre être, l'amour enfin de toute la création dans le microcosme du chef-d'œuvre ? Ah ! le génie, on s'en sert avec facilité de nos jours.

On n'a pas su profiter de Gauguin, car il apportait un sens rajeuni des enlumineurs du Moyen-Age, des dons puissants de coloriste, un art vraiment neuf des audaces décoratives. Toute cette belle fougue s'est dispersée, rapetissée à des études partielles et locales d'un pays qui aurait pu lui servir d'Eden et de site de légendes.

Ce qui frappe chez lui, au premier abord, c'est l'indifférence des grandes harmonies de la nature. Ceux qui ont parcouru les forêts somptueuses

des pays exotiques, ceux qui ont voyagé en artistes et non en notateurs de mœurs sont restés surpris des grandes synthèses qu'offrent aux regards
les paysages. L'œuvre entière de Loti tient dans
ses descriptions.

De grandes forêts, une végétation luxuriante et
capiteuse, des variations d'atmosphère amplifiées
par l'étendue des eaux et des rivages, des couchants et des aurores prestigieux. Voilà les grandes synthèses qui condensent l'âme essentiellement errante de l'humanité primitive.

Qu'on me permette quelques souvenirs. Mayotte,
ai-je dit dans les *Casques blancs*, est une corbeille
de verdure posée sur l'Océan. Corbeille immense,
éden magnifique, atlantide où la mer se pare des
somptueuses colorations des verdures, des moires
limpides et des ciels magiques. Dans les baies solitaires, l'eau dort enchanteresse et magicienne, les
verdures chantent au soleil, les horizons sont d'or
et la mer, au loin, s'efface en une buée d'opale. C'é-
tait un dimanche, des cloches invisibles se mirent
à tinter dans l'air calme du matin, des théories de
femmes en habits 1830 gravirent la pente du roc
où la ville se cachait parmi les frondaisons opa-
ques. Ce cortège et cette nature s'harmonisaient
si bien que la simple tache du décor évoqua
l'âme entière de Mayotte, et, par réminiscence, du
village natal, simple, rustique et beau.

Rien de cette symphonie planétaire ne transpa-
rait dans l'œuvre de Gauguin. Au contraire, nous
y remarquons des silhouettes de vitrail, des étran-

ges souplesses de négresses, la glorification de la *Vénus noire* (La femme aux mangos) ; tout cela dans une rutilance d'or fauve et des révoltes de couleurs.

Pourquoi Gauguin a-t-il fui la lutte ? Pourquoi s'est-il exilé, n'a-t-il pas tenté l'assaut du public comme d'autres le firent ? Les initiateurs ont le devoir de lutter et de s'imposer. Les études de Bretagne révèlent l'instinct terrien de ses origines et la touchante anecdocte qui caractérise ses derniers instants est bien le suprême ressaut de son amour local contre l'orgueil de l'intellectuel qui s'exila.

Pourquoi n'a-t-il pas voulu rester parmi nous, sa place véritable, et lutter jusqu'au bout, jusqu'à l'éclosion finale de son talent qui demeure incomplet et tourmenté.

S'il avait eu la science et l'intelligence du passé, le sens de la tradition de sa race, il ne serait pas allé singer le Primitif en Océanie.

La seule conclusion à cette étude très succincte est, à mon avis, celle-ci : Imaginez la coloration de Gauguin jointe à la composition, à la puissance d'évocation, au sens magnifique de l'idéal humain de Puvis de Chavannes, vous auriez alors un Gauguin de génie. Vous sentiriez toute l'âme ardente du Moyen-Age irradier en des compositions majestueuses et turbulentes, vous verriez une fresque immense se dérouler dans l'or des couchants, vous verriez les Croisades avec ses Hordes de paladins et de moines chevaucher vers des Orients imaginaires. Plus loin apparaîtraient les Barbares, la Rome de Messaline et de Néron, les tribuns étincelants de pourpre et d'or et, du nuage doré des légendes, vous verriez surgir du fond des palais asiatiques toute cette civilisation sanguinaire, barbare et voluptueuse de l'Orient, toute cette splendeur naïve et chatoyante qui charma l'âme de Gauguin à Tahiti.

Par cette colossale synthèse, il aurait retrouvé ses instincts de primitif et les premiers éblouissements du Barbare devant les couleurs irradiées du spectre solaire. Il aurait donné un sens génial et contemporain à ce don magnifique qu'il avait reçu, il aurait été l'historien de cette légende du monde et nous l'aurions admiré à l'égal du maître du *Bois sacré* dont il aurait été l'émule glorieux.

Gauguin aurait pu être tout cela, son orgueil ne l'a pas voulu.

De toutes ces considérations premières le *Salon d'automne* se dégage incertain, vacillant, sans orientation bien définie. La présence de Courbet n'est pas une des moindres surprises et cette rétrospective manque totalement son but, car les œuvres typiques du Maître d'Ornans en sont absentes. Aussi n'est-ce pas sans une certaine contrainte que l'on parcourt ces salles, enchanté tout à coup par des œuvres de grand mérite, rebuté aussitôt par des toiles qui vous font douter de votre propre jugement.

La caractéristique de ce Salon, en dehors des causes nettement matérielles qui le rendent viable, est qu'il apporte la confusion et le malaise ; il se recommande de tant d'artistes si divers que l'on se demande vers quoi tendent tous ces efforts ? Est-ce vers la peinture échevelée dont on nous offre des échantillons dans une salle choisie ?

Pour bien comprendre la signification de ce mouvement incohérent, il faut se reporter à l'état d'esprit qui le guide. L'individualisme exaspéré stimulant l'arrivisme, tel est le ressort caché qui met la grande machine en mouvement.

Un fait, du reste, prouve péremptoirement cette thèse. Parmi les dix-huit cents œuvres exposées, il y a bien quinze cents ébauches. Ebauches et débauches, l'horreur du fini n'entre pas ici en ligne de compte. *Paraître*, voilà, avec n'importe quel bagage, avec des pochades informes et des notations d'atelier, figurer au catalogue, susciter l'attention de la critique et des journaux sur votre nom.

Il me revient à ce propos un mot de Fromentin qui fut peut-être l'écrivain d'art le plus avisé, le plus fin, le plus sûr, doublé d'un littérateur exquis, qui écrivit sur les maîtres hollandais et flamands des pages d'art incomparables. Il pressentait déjà cette débâcle et écrivait : « Il en résulte que l'individualisme des méthodes n'est à vrai dire que l'effort de chacun pour imaginer ce qu'il n'a point appris ; que dans certaines habiletés pratiques on sent les laborieux expédients d'un esprit en peine ; et que presque toujours la soi-disant originalité de procédés modernes cache au fond d'*incurables malaises.* »

— Oui, un incurable malaise pèse sur la peinture contemporaine. Ce sera la conclusion de cet avant-propos (1).

Carrière, Renoir, Cézanne

Devant cette exposition d'œuvres de Carrière, je ne puis que reporter les lecteurs à la magistrale étude que mon confrère Charles Morice vient de publier dans le *Mercure de France.* Vous y trouverez des aperçus profonds, d'admirables explications de cet art subtil et simple. Vous y trouverez le charme de ces modelés incomparables et peu à peu vous goûterez l'humanité profonde, la vie intense de ces figures blafardes, de ces blocs de lueurs et d'ombre, de ces yeux ténébreux, de ces attitudes qui savent draper dans du rêve l'éphémère beauté de leur existence.

Quel artiste puissant que Renoir et comme il sait glorifier sa vieillesse par les dons admirables d'une maîtrise qui parfois a quelques défaillances mais qui, devant une chair, devient incomparable. Regardez cette *Femme nue* (1469) avec quelle puissance massive elle étale sa belle chair rose et dorée, voyez de quel grain soyeux est fait son épiderme, avec quelle saine volupté elle ploie ses membres en une attitude de repos. Le rythme flue

---

(1). Contrairement à nos habitudes nous analyserons les œuvres par Salles.

aux sinuosités des muscles, la vie s'enveloppe joyeuse et primitive aux contours voluptueux des seins, des hanches, des cuisses et des épaules, l'Eve enchanteresse naît du songe pictural et s'épanouit dans le charme inoubliable de sa beauté. Dans un ou deux siècles les hommes se demanderont dans quelle terre inconnue vécurent ces sirènes et quel était ce magicien qui les enchantera par des réminiscences lointaines et profondes, des atavismes d'idées et de voluptés perdues.

Je ne reviendrai pas sur Cézanne. Il est trop douloureux de réveiller des rancunes ou des haines. Puisse l'avenir lui donner raison, nous serons joyeux alors d'avoir eu tort.

Bussy, Boutet de Monvel, Taquoy Barwölff, etc.

Le charme de M. Bussy est indéniablement décoratif ; il a fourni les preuves d'harmonies sourdes et recherchées, dans la synthèse de paysages ou dans le mariage de silhouettes humaines au décor. Cette fois il nous convie à une impression délicate et fugitive en une immense toile quasi-lunaire, baignée dans la lueur verdâtre d'un soir d'été. Deux jeunes femmes en blanc glissent sur la terrasse vers une table à thé pendant qu'un chat noir, famélique et irréel, assis sur une chaise, les regarde. Cette toile respire une sérénité curieuse mais vide. A vouloir tenter une difficulté de tout premier ordre, M. Bussy n'a pas réussi à

sortir son œuvre des limbes imaginaires et froids
d'une scène décorative extrêmement. raffinée. Il
faut que cet artiste y revienne, il nous donnera
alors la délicieuse impression du soir, le flottement des grâces moelleuses de la femme dans la
lueur verte d'un ciel laiteux et infini. Qu'il com-
pare son œuvre à *Sur les toits*, de M. Hoffbauer,
il sentira la lacune.

Décoratif aussi M. Boutet de Monvel de qui l'E-
tat vient d'acheter la *Convalescente*. Ce tableau
fait impression par l'habileté surprenante avec
laquelle l'artiste a su tirer parti de la simplicité
monacale du décor. Mais à étudier cette œuvre on
y sent le vide aussi, le superficiel d'une peinture
voulue légère, presque diaphane.

M. Taquoy semble vouloir arriver au poncif
ou au genre par l'étude inlassable de percherons
dont il aime les moelleux verts de la robe. Quant
à M. Barwôlff je constate ses progrès rapides
cette année. Des *Indépendants* au *Salon d'Automne* il a su condenser sa vision, ramasser ses
grandes qualités d'observation et mettre beaucoup
d'ampleur dans ses œuvres. Le *Boulevard de
Clichy*, entre autres, est une page sérieuse et
sereine.

Voici, de M. Charmaison, des études de forains
pleines d'humour et de réalisme, ainsi qu'un paysage mélancolique et vrai. Par ailleurs les œuvres
de M. Dusouchet ne se dégagent pas assez d'une
belle matière pâteuse qui en allourdit la sponta-
néïté. Remarquons aussi les lumières de

M. Prouvé, la joliesse de M. Henry Gsell, la dis-crète simplicité de ce charmant tableau : *Les deux sœurs*, par M. Walters, l'amusante *Familiarité villageoise*, de M. Martel, et souhaitons à Mmes Aguttes un succès fou de carte postale pour son appétissante *Sylvie dans l'atelier*.

Willette, Georges Redon, Wély, Mmes Stettler, Dannenberg, etc.

Willette nous raccroche dès la porte par une ébouriffante fantaisie dont il est coutumier et nous tombons sur l'incendiaire *Marseillaise*, de M. Georges Redon. J'aimerais mieux autre chose franchement que ces braillards hallucinés dans des lueurs sanglantes d'incendie, auxquels font vis-à-vis les *Trois Grasses*, de M. Kupka qui intitule cette fantaisie, également incendiaire, *Soleil d'Automne*.

L'œuvre de M. J. Wély nous repose par son observation saine, et je remarque que Mme Stett-tler est sortie du noir et du blanc, s'essayant à un coloris plus divers et agrémentant les attitudes de ses bambins et les grandes masses du décor de détails qui en rehaussent la signification syn-thétique. De même, Mme Dannenberg s'est déga-gée des attitudes un peu massives de ses études de la vie de la rue et des jardins. Je louerai d'elle sans réserves ce portrait : *A la toilette*, d'une sobriété et d'une probité remarquables. Voyez aussi les paysages doux et fluides de M.

Horton, ceux très expressifs mais rougeâtres de M. Thibésart, les notations fortement constrastées, d'une couleur savoureuse et truculente, de M. Lanquetin ; on dirait parfois du Dagnac-Rivière.

Avant de quitter la salle, remarquons ce délicat et discret portrait signé par Mme Carrick et souhaitons à M. Cardona le monopole des illustrations pour boîtes d'allumettes.

Guirand de Scévola, Truchet, Lopisgich
J. Simon, etc.

Versailles, Trianon, palais des souvenirs et des élégances. M. Guirand de Scévola en évoque l'âme par la transposition des joyeuses marquises ou des jolies bergères en sveltes et panachées grandes dames. La solitude enchantée du parc, la splendeur mourante des façades dans les piscines, tout cela est évoqué avec une grâce langoureuse.

En face, M. Truchet rutile sous des couleurs chantantes et gaies et, de ses paysages, je préfère la tonalité discrète et la poésie simple de la *Petite Rivière* et de cet autre coin de rivière où l'eau se drape d'ombres chatoyantes, veloutées, auprès desquelles les sécheresses froides et jolies de M. Lopisgich sont fatalement négligées.

MM. Ranft et Robbe sont de parfaits graveurs et leurs estampes en couleurs ont une saveur depuis longtemps goûtée. Il est bien dommage pour M. Jacques Simon qu'on ait dispersé ses toiles un peu partout. Leur groupement aurait donné la preuve d'un bel effort et si je lui reprochai certaines complaisances, je constate qu'il se dégage très bien de ces influences. Le *Banc vert*, quoique un peu vide est très décoratif. les deux *Natures mortes* indiquent un sentiment personnel des harmonies discrètes où s'entremêlent les cristaux, l'émail des vases, les taches claires des citrons et des pommes. Très belles aussi les natures-mortes et les fleurs de MM. Testard et Boudot-Lamotte, auprès desquelles *Jour gris*, de M. Péquin, s'harmonise dans la douce clarté d'une chambre où, sur un fauteuil, s'affale et rêve une femme qui fait tache avec sa grande robe noire.

Notons encore les plages harmonieuses et grises de M. Koppé et ne quittez pas la salle sans vous amuser aux jolis minois de gosses, aux yeux ingénus de femmes, de M. Synave.

Belleroche, P.-A. Laurens, Déziré, Lavery, Grosjean, René Juste, Mlles Dufau, Corson, etc.

La grâce de M. Belleroche captive aussitôt sous la forme de deux portraits de femmes, onctueux, délicats, raffinés. En face, M. Lavery, qui expose son effigie dans une couleur grasse et une attitude simple, vous charme également par des portraits de jeunes femmes pensives et délicates. Ces lumières en relief sur d'autres portraits nous plaisent moins, mais il y a de la grandeur dans cette large esquisse de plein air : *On the Cliffs*, où des jeunes filles se profilent sur la mer aux petites vagues blanches, dans un ciel très harmonieux.

Je vois M. P.-A. Laurens revenir aux saines études, à sa manière personnelle et franchement dégagée, du précédent *Salon d'Automne*. Il ne faudrait pas que cet artiste ait une manière pour les *Artistes Français* et une autre pour le *Salon d'Automne*, cela gênerait ses admirateurs et j'en suis. Tout le monde a remarqué la splendide *Nature morte* de M. Henri Déziré, où, dans un moelleux de couleurs claires, l'artiste se complut à une grande harmonie. Sans éclat, discrètement, avec cette probité remarquable qui le caractérise et cette sincérité dont on ne saurait trop prêcher l'exemple aux jeunes, M. Déziré continue sa carrière qui sera remplie de belles et fortes œuvres. Car il y a autre chose que des notations d'études dans ces natures-mortes, il y a tout un sentiment latent de l'intimité et de l'élégance, la fascination d'un œil serein par l'harmonieuse chanson des nuances.

Un grand charme aussi se dégage des paysages de M. Madeline qui poursuit consciencieusement ses études et auxquelles j'opposerai la sonorité creuse de M. Paillard.

Délicates, nuancées les plages grisâtres de M. Havéis qui évoque un Luxembourg d'automne très poétique où se complurent autrefois nos flirts. Vis-à-vis deux plages harmonieuses de M. Théodose Petit, à côté desquelles les études de

M. Marshall sont indécises, hésitantes. Je retrouve M. Canals dont la couleur, le mouvement et la vie me séduisent, M. René Juste chez qui je remarque moins le papillotement des couleurs. M. Grosjean est toujours un peintre de goût et de synthèse dont la facture large s'allie aux paysages sobres et panoramiques du Jura.

Mlle Dufau reste la virtuose des chairs ambrées et ce portrait de dame, très savoureux en la nudité de ses épaules lourdes, manque un peu de robusteste. A côté, Mlle Corson s'érige un brin énigmatique dans l'évocation de cette femme aux yeux inquiets qu'escortent des silhouettes effacées d'hommes : *Les Quatre Bohèmes*. Notons la facture originale de M. Clapp.

Beresford, Jean, Patissou, Rousseau, Mme Pagany, etc.

Le pourtour qui conduit aux autres salles, et où l'on relègue souvent de très bonnes choses, est tout à fait désobligeant pour ses victimes. Le manque d'éclairage, les allées et venues des visiteurs, la distraction de la grande rotonde, tout concourt à délaisser ce coin obscur, peu fait pour une exposition de peinture.

Nous y avons cependant remarqué quelques toiles dignes d'intérêt, un *Dos de femme* et un portrait de fillette, par M. Beresford ; l'*Aveugle*, par M. Jean, très beau, très expressif ; de superbes fleurs par M. Patissou ; un harmonieux

paysage de M. F. Lambert ; des fleurs de
M. Roszaffy ; un sobre et robuste portrait de
femme, par M. Spiro, ainsi qu'un intérieur
de M. Mercier. Plus loin les fleurs opulentes
de M. Roustan, d'humbles et délicieuses natures-
mortes de Mme Pagany dont nous retrouverons
un portrait de femme assise près d'un buffet,
et qui vaut par sa sobriété et sa belle lumière.
Regardez aussi la matrone obèse de M. Nonell et les
dessins de M. Bonhomme, tout à fait du Rouault,
moins l'art violent qui les excuse.

Chigot. Fr. Jourdain, Le Bail, Drésa, etc.

Ici, deux clairs tempéraments, MM. Chigot et
Francis Jourdain nous accueillent. M. Chigot est
un poète ami des floraisons, des parterres, des
jardins et des cours solitaires des maisons de
campagne. Bien que je lui reproche une trop
grande attention à distribuer les bouquets de ses
parterres, je conviens qu'il possède un charme
exquis, un sens délicat de la poésie locale, de la
vie bourgeoise et de son décor.

Avec plus de précise objectivité, M. Francis
Jourdain est un imagier des maisons coquettes,
neuves et claires, un fin notateur du pittoresque
menu des sites hollandais, comme dans ce joli
tableautin : *La Digue.* M. Le Bail s'harmonise
en des paysages clairs et légers tandis que M. Van
Coppenole n'apporte que des pochades frustes,

M. Delfosse des études trop criardes et M. Morin d'indécises notations. Indécis aussi les envois de M. Oberteuffer, dans ses notations de *Mi-Carême*, mais doux, discret et poétique dans quelques paysages. M. Urbain reste un peu simple tandis que M. Palmié amplifie avec grandeur la majesté vierge des glaciers. M. Tewes semble faire du Malteste et M. Manzana multiplie, non sans brio, l'effigie d'une opulente créole, croirait-on. Enfin M. Drésa se montre intimiste exquis et observateur dans deux intérieurs : *le bureau à écrire* et *la Grande console*.

Rouault, Albouy, Teller, Thièle, Volot, R. de Mathan

Les horrifiantes images de M. Rouault attirent aussitôt comme de démoniaques évocations surgies d'un enfer de lupanar. Quand cet artiste aura limité l'expression définitive de ses types, quand il aura condensé dans la précision du dessin et l'ampleur des taches sensuelles l'effrayante orgie des féminités viciées et corrompues, amalgame de toutes les tares libidineuses dont son âpre talent recherche le symbole, il s'annoncera l'historien définitif du bagne de la chair à plaisir.

Cette salle est un lieu de d'ébauches. Etudes de femmes, nerveuses, lestes quelquefois, par M. Albouy ; tentatives heureuses d'attitudes, par M. Sickert ; grouillement d'évocations musicales par M. Naudin ; curieuses mais très incomplètes ébauches des scènes de la *Correctionnelle* et de la *Cour d'assises* par M. R. de Mathan.

L'art de M. Teller est délicat, nuancé, expressif, avec des allures mystérieuses. *Mathilde* et les *Spirites* sont deux œuvres de grandes promesses.

Une jolie toile égarée : un portrait d'homme, par M. Thièle, harmonie de noir et blanc d'une facture simple, sobre et forte.

Là-bas, les paysages boursouflés et bousculés de M. Vernet ; les évaporations florales d'une serre méphitique où Mlle Lisbeth Delvolvé-Carrière se complait ; des Périnet précis, un peu poncifs ; un nu rougeâtre mais très en relief, de M. Volot, ainsi que des silhouettes d'une dame vraiment complaisante à la pose et à la flatterie du portrait ; ne serait-ce pas la titulaire de ce somptueux nu ?

Valtat, Prunier, Suréda, Dufrénoy, de Castro, etc.

M. Valtat continue avec un entêtement digne des plus beaux mépris cette peinture échevelée qui tirebouchonne en des serpentins infatigablement fastidieux et insipides. Où avez-vous vu, M. Valtat, des frondaisons et des arbustes en tirebouchons ou en volutes désordonnés ? Regardez M. Dufrénoy qui possède votre fougue, un peu capricieuse aussi, mais qui sait denser les masses de ses verdures et adoucir sa palette jusqu'aux harmonieuses lassitudes des lagunes vénitiennes.

La nature de M. Wilder chante gaîment toujours dans la clarté des couleurs et celle de M.

G. Loiseau papillote un peu, folâtre et s'égaie aussi. Celle de M. Fournier vacille et flotte, tandis que M. Prunier inscrit avec une verve nerveuse les paysages parisiens qui lui sont familiers. C'est toujours un peu la même chose, mais la solitude de ses paysages est d'une âpre poésie.

Des amateurs de types et de mœurs : M. R. du Gardier, amoureux des plages mondaines et de leurs élégances ; M. Suréda, notateur des types frustes de Bretagne. M. de Castro possède, je l'ai déjà dit, un sens exquis des féminités élégantes et le traduit en des études savoureuses, veloutées ; des intérieurs profonds aux perspectives dérobées par les clartés assourdies évoquent plutôt la vie des chambres que celles de leurs habitants ou habitués.

M. Marcolesco étudie aussi les attitudes de femmes dans des lumières justes et ses envois dénotent un tempérament d'observation.

Milcendeau, de la Villéon, Maufra, Dezaunay, Braut, Mlle Bermond, etc.

Retour de Bretagne, M. Milcendeau nous rapporte une scène champêtre où le flirt a toute la simplicité des naïves pastorales. Des gars et leurs promises se bécottent et jasent dans une prairie. C'est un peu cru quand-même, ces taches brutales sur un horizon restreint où l'air circule si peu.

Autres Bretons, de M. Dezaunay, aux faces hâlées et rudes, aux coiffes minutieusement locales ; il n'y manque qu'un peu de recul et de poésie. Hélas ! què de Bretons auront leur silhouette dans les musées de France et d'ailleurs !

Large, turbulent, sonore, voici M. Maufra, aux paysages amples, aux marines fortement colorées, mais que les gorges qui enchâssent le *lac Lovitel* sont superbes dans cette moiteur dorée d'automne.

Avec M. de la Villéon, nous revenons aux subtiles notations de l'hiver, à ces fluidités diaphanes des neiges chasublant de leur hermine les chaumières blotties au creux des ravins. Puisque nous sommes au paysage jetez un coup d'œil aux marines rudes de M. Moret, aux poncivités de M. Clébassa et reconnaissez sans mauvaise grâce que MM. Vaudey et Delestre sont des pointillistes un peu secs.

De là fuyez à l'étrange regard de la *Bohémienne*, de M. Camoin, dont on a relégué les paysages décoratifs ailleurs ; contemplez les portraits fluides de Mlle Bermond qui semble chercher dans l'évocation du XVIIIe siècle la grâce des sourires et le maniérisme ; et arrêtez-vous devant l'œuvre de M. Braut, large, simple, un peu fruste parfois, mais étonnante de promesses, Oui, je sais la vie y est un peu massive, diffuse, incertaine, encombrée mais que la belle lumière baigne es études de Femmes, aux attitudes simples, tranquilles, sereines.

Vallotton, Desvallières, Dethomas, Le Beau, etc.

Décidément nous aurions tort de nous arrêter à

certains indices et de tabler sur eux des présages. M. Vallotton, qui nous paraissait d'une sécheresse i   , nous a donné le démenti le plus formel par l'envoi de quelques œuvres qui révèlent en lui le plus probe et le plus sage des peintres actuels. Avec une modération digne de tous les éloges, un sens exact des valeurs linéaires proportionnées aux savoureuses fantaisies de la couleur, cet artiste est parvenu par un grand effort à réaliser toutes les promesses que je pressentais en lui dans le Salon de l'automne dernier. Un portrait définitif de vieille dame, deux nus d'une saveur et d'une sobriété rares, des fleurs exquises classent à présent M. Vallotton parmi les jeunes maîtres qui ont encore à apprendre beaucoup — car on apprend toujours — mais qui sont sûrs de leur talent.

Grand effort aussi chez M. Desvallières qui, dégagé des influences de Moreau, sera plus tard un grand expressif, un de ces subtils esprits qui savent appareiller vers les nerveuses impressions de l'esthétique moderne.

Objectif, brutal et caresseur, le dessin de M. Dethomas séduit par sa condensation violente d'appétits observés, de vices et d'instincts tenus en bride, prêts à s'échapper des contraintes sociales.

Avec moins d'âpreté, M. Villon paraphrase de beaux mouvements et des joliesses. Que nous sommes loin des essais gauches de M. Iturrino dont les foules grouillent en des kermesses d'é-

bauches et des attitudes de larves protozoaires.
Et M. Le Beau, avec ses broderies de paysages, où
la perspective se fige, où les plans se mosaïquent.
Je leur préfère, certes, les vaporeuses fumées de
M. Anglada qui peint des femmes comme des
volutes de parfums denses exhalés de cassolettes :
les Opales ; avec, sur une autre toile, des ruti-
lances de couleurs avivées dans une mascarade de
jeunes Espagnoles.

Lempereur, Piet, Briaudeau, Durenne, etc.

M. Lempereur sur qui l'on fonde, à juste titre,
de grandes espérances n'est pas encore parvenu à
la clarté. Ses scènes de la vie sont un peu allour-
dies et indécises, mais ses paysages se décompo-
sent avec bonheur. *Pêcheurs* à Meulan valait la
sollicitude de l'Etat.

M. Piet, lui, se précise et s'affirme de plus en
plus. Les taches blanches des coiffes bretonnes
sur le grouillement des foules campagnardes for-
ment le thème habituel de ses tableaux. J'y remarque cette année une condensation plus dense
des valeurs et des détails, une tenue plus austère
et le mérite d'apporter un relief plus précis à son
talent sobre et coloré.

Des *intérieurs* de M. Briaudeau je dirai tout le
bien qu'il m'est possible. On ne peut pas être plus
harmonieux, plus discret, et l'artiste sait admira-
blement marier les clartés sombres des laques ou

des bois aux reflets des porcelaines et des cristaux. Ceux de M. Durenne sont plus lâches, plus fluides, la couleur s'y délaie parfois en traînées douteuses, indécises, papillotantes.

Indécises aussi les études de M. de Saglio à côté des lumières jaunes et précises de M. Braquaval. M. Debraux paraît très sage, non sans valeur, dans le voisinage de M. Ottmann dont les paysages trop verts forcent la note. Remarquons que M. Deltombe a conscience de la rigidité glaciale où il s'enferrait et qu'il s'évade ; puis notons en passant un nu très savoureux de M. Moreau.

Les Incohérents

C'est ici que se donne le bouquet de ce feu d'artifice dont les fusées ont éclaté çà et là. Salle choisie de l'aberration picturale, de la folie de la couleur, des inénarrables fantaisies de gens qui, s'ils ne sont pas des fumistes, méritent le régime salutaire de l'Ecole. Inutile de récriminer.

Ou ces jeunes gens ont raison, ou le *Salon d'automne* est solidaire de leur plaisanterie. Pourquoi parquer ensemble ces aberrés et les montrer au public si la valeur esthétique de leurs œuvres présentes est nulle ? Que signifie cette mauvaise farce ? Quelles sont les influences qui les protègent, ou n'est-ce pas un essai pour les prodromes d'un art en gestation ?

Tout cela est d'un déplorable effet non seulement aux yeux du public devant qui le Salon perd tout prestige, mais aux yeux de tous, car c'est une tare qui s'attache au *Salon d'automne*. Cela vous fait l'effet de parasites incongrus dont on ne peut se débarrasser. Car comment expliquer leur présence devant un jury qui fait les honneurs à Carrière et à Courbet ?

Qu'ont à voir avec l'Art les barbouillages de MM. Matisse, Wlaminck, Van Dongen, Mauguin, Friesz, Derain, Dufy, Delaunay, Metzinger, et j'en passe ?

Exceptez M. Hermann-Paul qui détonne sérieusement parmi eux, M. Marquet qui a de très belles qualités synthétiques, M. Girieud qui s'est rendu ridicule avec cet *Hommage à Gauguin* et qui ferait mieux de continuer à puiser dans son maître les ressources ignorées de sa verve décorative, M. Czobel, tapissier ingénu, dont il ne faut pas méconnaître les qualités, et vous pourrez brasser le tout en une salade russe, vous obtiendrez toujours la même dose de néant.

Ce sont des enfantillages. Une personne grave est toujours ridicule de se laisser surprendre dans de mauvais lieux. Continuons.

Albert André, Xavier Roussel, Bonnard, Vuillard, Odilon Redon, etc.

Ce groupement me rappelle d'anciennes expositions combatives où, chez Durand-Ruel, les néo-impressionnistes engageaient la bataille. Nous les retrouvons ici, groupés de nouveau, assagis, avec de l'expérience et des années en plus. Si le programme reste à peu près lettre morte, les œuvres par contre s'imprègnent davantage de la vie. Ils avaient raison de croire à leur talent. Tous sont originaux, avec cet air de parenté qui, dans leur peinture fragmente et morcelle l'impression.

M. Albert André a fait de réels et définitifs progrès. Il se hausse peu à peu à la grande peinture décorative et *les Cerises* révèlent de solides qualités, une vision personnelle et neuve. Ses nudités chatoient dans le vert moelleux des verdures et ses natures-mortes, plus précises, s'imprègnent d'une harmonie plus sonore.

M. Xavier Roussel est l'artiste le plus original de ce mouvement. Il y a en lui des réminiscences de Fragonard et de Watteau, presque un style. Il y parviendra quand il aura serré davantage les accessoires de ses compositions et précisé les attitudes de ses personnages. Ce sera un très savoureux décorateur, un anecdotier plein de charme, tout imprégné de classicisme.

M. Bonnard se reprend et le fâcheux flottement de sa couleur n'a pas encore complètement disparu. Il nuit à la nerveuse solidité de sa peinture et donne l'impression d'hésitations maladroites.

M. Vuillard ne s'en tient pas au succès. Son œil inlassé des harmonieux arrangements tente des excursions vers des combinaisons charmantes. Toujours des intérieurs où les formes de femmes et d'enfants se noient dans des tapisseries curieuses. Ce sont de petites symphonies de couleurs très agréables.

Des intérieurs aussi de Mme Galtier-Boissière, très nets, des symphonies de grenat où les lueurs de laques et d'acajou jouent dans la lumière.

De M. Olidon Redon des fleurs étranges, des visions, tout un bric à brac sorti des pénombres de l'imagination de Gustave Moreau, un art à la des Esseintes, stérile et empoisonné.

Guillaumin, d'Espagnat, Zak, etc.

On est tout étonné de retrouver ici M. Guillaumin, un vieux lutteur, un des premiers qui, avec Monet et Pissarro, reçut les horions des vieilles-gardes de la critique. Il n'aura pas eu la gloire des lauriers mais il fait tout de même bonne figure auprès de ses compagnons d'armes.

En face, un grand panneau de M. d'Espagnat ; un ciel d'orage, croirait-on, sur lequel se tourmentent des arbres géants dont les ramures semblent emmitouflées d'étoupes polychromes. M. d'Espagnat vise au style, cela est évident, mais qu'il se débarrasse de cette profusion nocive à la tenue de ses compositions. Çà et là, des ébauches massives de M. Puy, des croquis précis et des portraits lavés dans un rose fuligineux, de M. Zak, des intérieurs gauchement décoratifs de M. Marffy.

Baignières, Laprade, Guérin, Flandrin, etc.

Voici la salle la plus homogène, celle qui contient les plus belles espérances. De beaux nus par M. Baignières, nous convient à la voluptueuse méditation de la femme et de la vie. Car cette dernière se résorbe magnifiquement dans cette chair veloutée et nerveuse, dans ces formes de femmes qu'excite à la beauté des attitudes un *joueur de flûte* qui manque trop d'assises.

Je maintiens ma dernière impression sur l'œuvre de M. Laprade. Et ce tableau : *Les beaux jours* nous fournira la preuve que cet artiste vise très haut, très profond, avec une subtilité qu'il faut souvent découvrir par induction. Ce groupe d'amants, isolés sur le faîte d'une colline nue devant l'horizon très vaste et le ciel immense ; cette forme rose de femme assise dans une ampleur de linge remarquable, à laquelle s'accote l'homme harmonieusement, cette tache énorme et rose, voilà le leit-motiv de cette symphonie délicieuse, de ce poème murmuré en sourdine et que n'a pas entendu le public. Il y a dans les œuvres de M. Laprade des évocations poétiques charmantes, des réminiscences lointaines de choses lues, une distinction qui sera bientôt du style.

M. Charles Guérin s'évade peu à peu des décors élégants et surannés où se complut son savoir. Il aborde définitivement le portrait et s'y révèle remarquable. Regardez cette *Dame en bleu*, dans quelle tranquille harmonie de nuances et d'âme elle vit, délicieuse en sa pose, charmante en son regard amusé, très discrètement élégante. Cette toile avec la *Jeune fille à l'épaule nue* contient en elle une sûreté rare et des qualités hors pair.

M. Louis Süe se dégage des influences de M. Guérin et se clarifie. Je rends à M. Flandrin une admiration, souvent vagabonde tant qu'il se confinera dans ces études d'adaptations néo-grecques, pour le très beau et très harmonieux paysage, empreint d'une majesté douce et d'une poésie lumineuse surprenante : *Le mont Saint-Eynard*.

D'autres œuvres retiennent aussi nos regards. Ici la sérénité froide de M. Charles Lacoste, là des fleurs discrètes de Mlle Ellen, la vie embrouillée de M. Guéroult, les sous-Renoir de Mlle Gobillard, des fleurs et des fruits de M. O'Connor, peints somptueusement dans une couleur grasse et moelleuse, des dessins de M. Ouvré et de Mlle Loy.

Diriks, Paviot, Alluaud, Fornerod, etc.

La merveilleuse sonorité des marines de M. Diriks, leur ampleur lumineuse et les incomparables symphonies qu'elles expriment sont du plus bel art. Cet artiste est un prestigieux peintre des nuées, des ciels immenses et tourmentés, des mers diaphanes et irradiées où la lumière s'effeuille au gré des vagues chantantes sous la mousse des écumes blanchâtres. L'Etat fit une très belle acquisition avec *Nuages en mer*, tableau-type qui résume parfaitement l'art de M. Diriks. Plus haut, ces arbres penchés sous le souffle continu des vents marins évoquent un rivage âpre et font grande impresssion.

M. Paviot tâtonne dans ses ébauches de paysage et n'a pas la fougue de M. Alluaud possesseur du sens des masses et des profondeurs sylvestres où le soleil ivre incendie les tiges d'arbres séculaires. Que dirai-je de M. Roussel-Masure dont je déplore l'indécision piétinante, de M. Bouche qui semble pasticher Le Beau, et surtout des imageries gauches de M. Pichot ?

Par contre, M. Kœnig est un talent exact, net, avec de belles notations dans une couleur grasse ; Mlle Estienne intimiste exquise avec les ors pâles de son *Intérieur*. M. Fornerod enfin, dont le sens décoratif se précise, expose deux portraits très expressifs, d'une harmonie quelque peu tumultueuse, mais très originaux, surtout celui de la *Femme aux oranges*, d'une souplesse remarquable dans cette longue robe blanche à raies rouges. Un Georges Bergès quelconque.

Kandinsky, Mme Marval, Borchardt Urbain, etc.

Dans les pourtours, nous distinguons M. Kandinsky aux fantaisies décoratives très personnelles, M. Tony Minartz qui s'essaie vers une autre vision, mais qui semble dépaysé dans ces couleurs claires dont il ne sait pas nuancer les plans.

Voici Mme Marval reconnaissable aux nus désarticulés de ses poupées : *Le sommeil des Grâces*.

Je plaindrais les dieux grecs de rechercher les faveurs de ces demoiselles. Et cette figure poupine qui se confit dans la béatitude de l'adolescence, et cet autre Monsieur négligemment assis dans son hamac. C'est très décoratif mais très fade et précieux.

De loin aussi s'aperçoit la grande dame blanche de M. Félix Borchardt, diaphane presque dans un bain de lumière, la figure tachetée désagréablement. Le fond, par exemple, un massif de ramures, possède des tons splendides de violets et de roses. Il ne manque à cette toile qu'un peu d'air pour en faire une très belle œuvre.

Maintenant, au hasard de la promenade, notons une toile discrète et harmonieuse de M. Polowetski ; l'*Artiste et son modèle* ; un portrait en pied, aux harmonies grises, de M. Fr. Simon ; un autre, vigoureux et net, ainsi qu'une savoureuse Bethsabée nue, de M. Bréal ; un groupe amusé d'Espagnoles dans une cour ensoleillée, par M. Lorent ; l'exode de malheureux sur le fond d'une plaine nue et désolée, par M. Pfeffermann.

Le triomphe de Flore, par M. Urbain, est une exubérante composition de joie et de lumière, où les chairs nues se jouent dans l'amusante griserie des exhalaisons florales. Des chevaux massifs et des ombres disparates allourdissent un peu cette fantaisie décorative. De M. Heymans, un vaste paysage, de l'école de Buysse — dont on a très mal placé l'harmonieux *Lever de lune* — et de Claus, avec des lumières pâlies et des brumes dorées ; de

M. Labrouche une très originale notation : *les toits rouges* ; une décoration sereine de M. Morisset ; des études de M. Cauvy ; un nu pâteux mais assez dégagé, par Mme Judith. Des natures-mortes, des intérieurs, des fleurs, dans des gammes harmonieuses, par MM. Sternberg-Davids, Baron, Georges Simon, Soull'ard, Mlles Charmy et Lloyd.

N'oubliez pas les croquis de Mlle Adour, un tableautin délicat de Mme Frémont et un groupe de Vénitiennes par M. P. Martin.

Au rez-de-chaussée et dans les petites salles du bas on a relégué des œuvres quelconques où se perdent d'agréables choses. Nous y trouvons des motifs de fresque très en relief par M. Piot, un portrait de femme très délicat par M. Picart le Doux, des notations gaies de sveltesses féminines par M. Durant, des Deborue précis, un paysage en grisaille par Mlle George, des œuvres de Mme Marie Paule Carpentier, sereines, originalement décoratives comme toujours, des panneaux exquis, d'une décoration simple et de haut goût par M. Simmen, des gravures de M. Lefebre Wilhem, des croquis de M. de Peské, des estampes de M. de Marliave, des études de M. Le Petit, toujours un peu sec, mais mieux inspiré dans ce pittoresque *vieux puits*, une étrange composition *Le Miroir* et un portrait délicat d'Albert Mérat par M. Fauconnet.

Enfin, écrasée par la voûte d'un pourtour, une scène d'auberge à la Jordaens, enjouée et franchement peinte par Mme Meyniac.

Sculpture, Art décoratif, etc.

La sculpture est éparpillée un peu partout, concourant à l'embellissement des salles, mais très mal distribuée au fond pour un jugement d'ensemble.

Menue est-elle aussi, confinée dans la notation, le mouvement, l'attitude, peu conforme à la forte poussée libertaire qui vivifie certaines salles de peinture. Ce salon, par contre, accentue la tendance de la sculpture d'appartement, suggère l'éclosion des petites statuettes décoratives et familières dont on conçoit aisément la place dans un salon, une bibliothèque, etc. C'est tout un art à adapter; art minutieux, nerveux, délicat, moderne, qui jouerait dans le décor nouveau du meuble un tout autre rôle que cette pacotille de mauvais goût dont on enlaidit nos appartements.

L'observation, la notation des types et des mœurs s'inscrivent en œuvres menues ; des bustes d'originale exécution retiennent, mais on ne sent pas ici, non plus, le contact de l'artiste avec la foule humaine, la foule de nos jours, tourmentée, inquiète, souffrante, malheureuse et révoltée.

Un seul écho traverse de sa clameur intense et douloureuse le décor agréable. *La sortie de la Bourse du Travail*, par M. Sortini, évoque un groupe d'ouvriers pris sur le vif, en proie aux exaltations des harangues libertaires. L'observation très caractéristique de ce grand morceau divise cette foule en sentiments objectifs d'une justesse remarquable. Les uns s'en vont, la haine au cœur, le regard sombre, la main prête aux attentats ; un autre révolté mais impuissant, à la vue de la femme, de la mère aussi, qui essaie de calmer ses colères ; là-bas un gars joyeux qui fait du socialisme dans les bras d'une ouvrière délurée. Puis le groupe compact des meneurs, bannière en tête, porte en triomphe un orateur sans doute, un ouvrier comme eux. Le grand mérite de M. Sortini est d'avoir traité ce sujet dans la simple réalité du fait, sans tendances humanitaires, toujours emphatiques, par le simple contraste des attitudes et des sentiments qu'elles évoquent.

De M. Halou, une *Eve* lourde, de forte structure, belle étude de nu dont on devine les tendances réalistes. De M. Derré, un buste de *Louise Michel*, à la physionomie bonne et simple, des études montmartroises, telle cette pittoresque silhouette du *Père la Cuite* et cette tête curieuse du *Petit satyre*. De M. Niederhausen Rodo, une massive étude d'athlète suisse, au profil vigoureux, à la nuque bestiale. Çà et là des masques expressifs de vieillards par MM. Wittig, Cladel qui interprète la *Mattchiche* avec une verve endiablée, par Mlle Gallaud.

Des vitrines retiennent la curiosité par le groupement de silhouettes pittoresques. Ce sont les *Vieux chemineaux*, la *Moissonneuse* et ce drôle de *Vieux Bohême* par M. Cardona doué d'une nerveuse sensibilité ; *Danseuse* et *Une épave*, de M. Blanchot qui expose par ailleurs : la *Joie de vivre*, évoquée dans un buste de femme d'une énervante grâce.

C'est aussi l'art souple et beau de M. Lamourdedieu qui sait traduire en silhouettes menues toute la sensuelle coquetterie et l'élégance de la femme.

Mlle Serruys cultive un art fait de grâce et de sentimentalisme léger dont le ressort est une volupté discrète mais intense. Après un buste d'une ampleur de traduction dégagée, elle nous convie à la *Revanche de Suzanne*, groupe vigoureux, aux modelés nerveux, dont je n'ai pas bien saisi la signification. Puis le *Passe-Mains* évoque la grâce élancée du quadrille et l'*Inévitable* nous charme par le naturel exquis du couple, le geste sensuel et voluptueux du baiser qui livre à l'amant la femme langoureuse, proie inévitable du désir. Voyez aussi les statuettes lestes et légères de M. Blanc : *Coup de vent*, à *Mabille*, celles de MM. Guiraud-Rivière et Beach.

L'art de M. Marque est d'un réalisme presque classique ; *les Premiers pas*, œuvre de grâce sérieuse, fut acheté par l'Etat. Avez-vous remarqué un *Esope*, de M. Duchamp-Villon, buste caricatural d'une laideur qui confine à la beauté. Je ne sais pas où l'artiste s'est documenté mais il a fait une œuvre étrange, burlesque et grandiose. On ne conçoit plus autrement le fabuliste grec, depuis cette évocation. N'y avez-vous pas également remarqué quelque ressemblance avec un de nos Maîtres-ès-lettres ? Voulue ou non, elle est extrêmement amusante.

La faune particulière à M. Bugatti voisine avec une cheminée superbe de M. Camille Lefèvre. Plus loin une frise curieuse de M. Badin et deux panneaux décoratifs de M. Bigot.

Les meubles de MM. Jallot et Raguel montrent en leurs auteurs un souci permanent de synthèse décorative, qu'il serait bon d'encourager. Conçus avec beaucoup d'ingéniosité, ils allient à la solidité et au confort nécessaires de l'ameublement le charme sévère d'une décoration simple et de bon goût.

CONCLUSION

Le *Salon d'automne* clôt la série des quatre manifestations annuelles de l'Art français ou plutôt de l'Art contemporain, car l'hospitalité chez nous est un principe et les étrangers en profitent abondamment. Quelques-uns même y tiennent une large place et cette invasion de l'art étranger, au point de vue mercantile, menace sérieusement nos intérêts. Nous reviendrons plus tard sur son rôle esthétique et commercial.

A propos des salons du printemps, M. Charles Morice a dit un mot qui résume tout un programme : « Il n'y a plus aujourd'hui — en attendant qu'il se fasse une sélection encore plus pure et qu'on trouve le moyen d'échapper aux décisions arbitraires d'un jury, tout en évitant les promiscuités du Cours la Reine, — il n'y a plus aujourd'hui qu'un salon — le *Salon d'automne*. Et en dehors du *Salon d'automne*, il y a les manifestations individuelles ou de groupes restreints. »

Ce qui revient à dire que — esthétiquement — les autres salons n'ont plus aucune influence sur l'Art contemporain, sinon une influence nocive.

Je suis de son avis.

Mais il y a cependant de beaux talents parmi les *Indépendants*, la *Nationale* et les *Artistes français* (1). La liste consciencieusement élaborée des œuvres méritoires des salons de l'année nous prouve qu'il existe une pépinière de bons artistes qui n'empruntent à personne et qui donnent à l'art français sa physionomie particulièrement supérieure.

L'apport des étrangers, certes, y est pour quelque chose, car ils viennent ici puiser aux sources fécondes de nos tentatives et font éclore le génie particulier de leur race. Ils font nombre dans la représentation, mais n'influencent pas, que je sache, les efforts de ceux qui cherchent.

Cette constatation de talents engloutis dans la masse des producteurs quelconques —

____

(1) Voir *les Salons de 1906*.

commerçants patentés d'un art de pacotille — nous amène à formuler un vœu qui est dans la bouche de presque tous les artistes sérieux. Ceux-ci sentent tous le besoin de se dégager d'un milieu où ils détonnent, la nécessité d'une sélection sévère, sélection qui, groupée, formerait un salon de premier ordre. Mais où aller, où trouver le terrain d'entente ?

Le principe constitutif des *Indépendants* offrait toutes les garanties de justice et d'équité, mais ce salon s'encombra vite de nullités et de faux talents qui détournèrent les artistes consciencieux. D'autre part, l'arrivisme des jeunes fut séduit par les avantages pécuniers et honorifiques des salons officiels, par ceux réclamiers du *Salon d'automne*. On délaissa peu à peu les *Indépendants* qui n'offrirent au public que des ébauches, des essais, comme si l'on faisait à ce salon le grand honneur de lui envoyer quelque chose. Son prestige en fut prodigieusement affecté.

La *Nationale* et les *Artistes français* sont atteints d'un mal incurable ; l'opération serait inutile, il n'y fallait donc pas songer.

Le *Salon d'automne* ?

Trop avancé, trop disparate ; ses audaces effraient les timorés. Et puis il y a toujours le jury, c'est-à-dire l'arbitraire.

Au fond, il y a la rébellion de l'individualisme contre toute direction d'art. Cette rébellion est une des marques de l'esprit moderne et si le *Salon d'automne* agglomère beaucoup de tendances nouvelles, il aura de la peine, je crois, à conquérir les suffrages et l'estime des artistes pondérés qui voient en lui l'anarchie des méthodes et le chaos de l'Art.

Dans cette vacillation fâcheuse des éléments vitaux de notre art, les groupements resteront donc ce qu'ils sont, à part quelques défections de part et d'autre. Les salons garderont leur programme, leur décor, leur physionomie. Mais il n'en reste pas moins acquis que le *Salon d'automne* forme dès à présent l'avant-garde, malgré son incohérence et précisément à cause d'elle.

Que cherche-t-il ? à combattre. A lutter contre les poncifs et le faux art, à dégager du malaise un art d'harmonie vivifiante qui, comme dans le creuset purificateur bouillonne parmi les scories et les alliages impurs. Ses audaces déconcertent et cependant, on ne peut pas condamner en bloc un groupe d'artistes qui, selon toute probabilité doivent être de bonne foi. Se trompent-ils ? Peut-être. A l'heure actuelle, devant les œuvres présentes, on ne saurait affirmer, sous peine d'ignorance ou de parti-pris, que ces œuvres soient des œuvres d'art. Essais tout au plus, notations d'impressions fugitives traduites par des esprits audacieux qui cherchent au-delà de la vision réelle les symptômes d'un art subtilement décoratif. Limites hypothétiques de la peinture aux confins des arts purement plastiques et musicaux ? Peut-être. Car on peut trouver beaucoup de choses dans ces essais : chez Matisse, d'harmonieux groupements de couleurs, chez Dufy, le sens imagier du paysage, chez Vlaminck, de la sonorité et de l'ampleur phonétique, comme dans cette toile, *le Remorqueur*. Est-ce la recherche des sonorités de la couleur, comme nous avons eu la recherche de la couleur des voyelles et par induction du sens imagé des juxtapositions syllabiques ? Cette coque énorme qui s'avance dans une fanfare de couleurs, sur la verdure préhistorique du fond, semble évoquer un débarquement de Barbares, l'arrivée de quelques conquérants dans une terre vierge. C'est une impression que j'ai eue, fausse, puisque la signification donnée par l'artiste la dément. Qui a tort ? Moi et lui. Moi, parce que nous cherchons dans les œuvres des réminiscences ; ces déviations du jugement favorisent le développement de toutes les œuvres hybrides qui trouvent en notre époque de complaisants panégyristes. Lui, parce qu'il n'a pas su donner au décor sa signification positive et matérielle, parce que le chant coutumier des couleurs et des choses s'est amplifié jusqu'à la clameur.

Il y a donc eu exagération, défaut capital de l'individualisme. Celui-ci pour affirmer son existence se prête à toutes les étrangetés d'où le chaos, l'anarchie, la négation des dogmes d'art en un mot *l'ignorance*. Voilà la source première de cet étrange malaise qui pèse sur la peinture moderne.

De plus l'arrivisme empêche l'artiste de se mettre en contact avec la foule et la vie sociale, les seuls éléments qui résorbent en eux le tumulte des idées d'où jaillira l'esthétique future. Çà et là des échos isolés, des synthèses trop rares, mais aucun talent ne s'affirme suffisamment subjectif et fort pour donner l'expression d'un art social.

Notre art n'est pas le reflet subjectif de notre époque, et, quand le temps aura sélectionné les œuvres, les historiens futurs seront surpris de ne pas trouver cette homogénéité de l'art et de la vie sociale. Tels autrefois les Hollandais, nous restons à côté des luttes sociales, nous confinant dans un réalisme superficiel qui trouvera son excuse dans la rénovation picturale de l'Impressionnisme. Et cependant l'Impressionnisme apportait avec lui un panthéisme grandiose. Si les artistes avaient bien compris sa signification ils auraient adapté son mouvement de rénovation picturale à la fermentation des idées, et, de cet amalgame, naissait l'art que nous attendons tous, l'art humain, expression de notre époque douloureuse et équivoque.

Nous sommes à une étape de l'évolution, piétinante dans le débat des formules. Que jaillira-t-il de ce heurt complexe ?

En ce moment la peinture recherche une expression décorative, un style. Elle aurait pu la trouver en Gauguin si ce dernier avait su ou voulu plier ses dons magnifiques au sens contemporain de l'évolution des formes et de la vie de sa race.

J.-C. HOLL.

Octobre 1906.

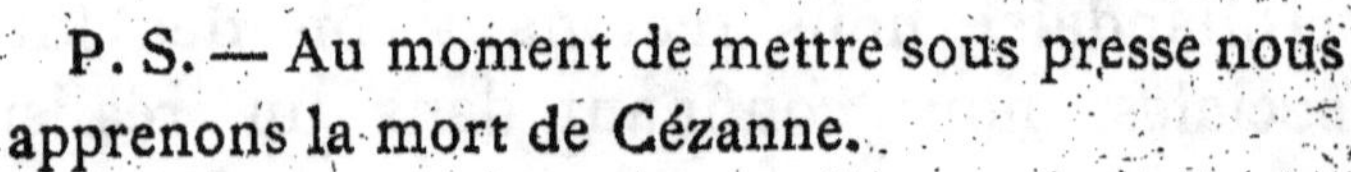

P. S. — Au moment de mettre sous presse nous apprenons la mort de Cézanne.

ISSOUDUN

IMPRIMERIE BIRTÈGUE ET GARDERAULT